MÉTHODE DE PIANO

PAR

MICHAEL AARON

COURS PRIMAIRE

VERSION FRANCAISE
PAR

ALEXANDRE D'ARAGON L.M.
UNIVERSITE DE MONTREAL

METHODE EXPRESSEMENT CONCUE
POUR LES TOUT–PETITS

11014

T0020373

TABLE DES MATIERES

AVERTISSEMENT AU PROFESSEUR

Le Cours Primaire de Michael Aaron a été expressément dédié aux très jeunes enfants. La gente écolière de 5 a 8 ans trouvera dans cette méthode tout ce qu'il lui faut pour partir sur le bon pied. La vaste expérience de l'auteur, acquise au cours de plusieurs années au contact de ce petit monde, lui a permis d'établir trois points essentiels requis pour la réussite dans leurs études, à savoir: La compréhension, la sympathie et l'encouragement. A la lumière de ces trois phares lumineux, l'auteur propose dans sa méthode, le plan général que voici:

PLAN GENERAL

1 — Histoire des premiers éléments de la musique.

2 — Connaissance du rythme par le truchement du battement des mains et du comptage.

3 — Utilisant ce qu'on est convenu d'appeler le Do moyen comme point de départ, des diagrammes très simples permettent la découverte de nouvelles notes l'une après l'autre.

4 — Connaissance du mouvement mélodique propre à intéresser l'enfant.

5 — Des petits chants attrayants pour éveiller chez l'enfant le gôut et le sens tonal.

NOTE

Portée

5ème ligne	
4ème ligne	4 ème espace
3ème ligne	3 ème espace
2ème ligne	2 ème espace
1ère ligne	1er espace

NOTE SUR UNE LIGNE

NOTE DANS UN ESPACE

La clé de sol

main droite

La clé de fa

main gauche

MESURES

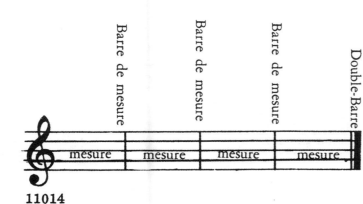

Barre de mesure · Barre de mesure · Barre de mesure · Double-Barre

mesure · mesure · mesure · mesure

— Je suis une note de musique.

— Je demeure sur une portée composée de cinq lignes et de quatre espaces.

— Quand je réside sur une ligne, on m'appelle note sur une ligne.

— Quand je réside dans un espace, on m'appelle note dans un espace.

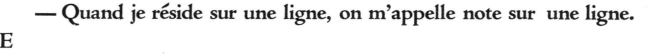

— Quand vous apercevez la clé de sol (𝄞) vous devez utiliser la main droite.

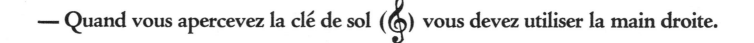

— Quand vous voyez la clé de fa (𝄢) vous devez utiliser la main gauche.

— On écrit la musique dans une portée divisée en mesures. Chaque mesure est séparée par une barre de mesure. La double-barre termine une phrase musicale ou la fin d'un morceau.

11014

Le Do moyen

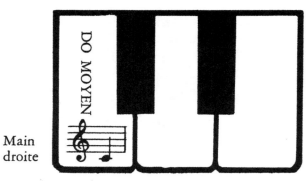

On m'appelle Do moyen. Je repose sur la petite ligne au-dessous de la portée en clé de sol. Quand vous voulez me jouer, vous devez jouer sur la touche blanche à   gauche des deux touches noires, de votre main droite. Je suis au centre du clavier.

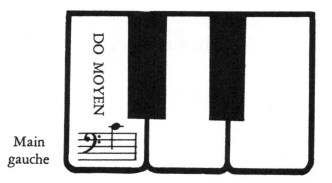

On m'appelle encore do moyen. Je respose sur la petite ligne au-dessus de la portée en clé de fa. Quand vous voulez me jouer, vous devez jouer la même touche blanche à gauche des deux touches noires, mais de votre main gauche.

NOUS SOMMES DONC DES
DO JUMEAUX ET
NOUS VOICI ENSEMBLE

Clé de Sol (notes aigues)

M.D.

Do moyen — main droite
Do moyen — main gauche

M.G.

Clé de fa (notes graves)

Signes De Duree

Signes de durée

2 — Le chiffre 2 du haut appelle 2 temps par mesure.

4 — Le chiffre 4 du bas appelle un temps sur chaque noire (♩).

Il faut compter un temps à vide sur un soupir (𝄾).

La Grosse Caisse

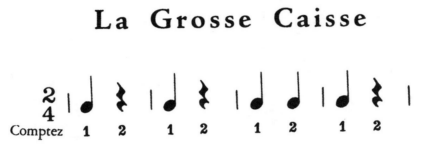

Frappez vos mains sur chaque note mais non sur les silences.

Lorsque ce rythme vous est devenu familier. Essayez d'une autre façon:

En meme temps que vous prononcez cez paroles frappez des mains sur chaque note.

Position De La Main Pour
L'exécution Du Premier Morceau.

Posez vos doigts sur le clavier exactement comme illustré plus bas et vous pourrez jouer votre premier morceau.

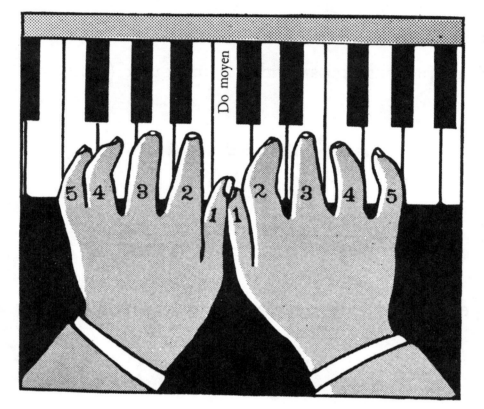

Vous remarquerez en examinant cette section de clavier que vos deux pouces reposent sur le do moyen, première touche blanche à gauche du groupe des deux touches noires. Cette touche est localisée au centre de l'instrument vis-à-vis la marque de commerce.

Le Doigté

En musique de piano, il y a un chiffre voisinant chaque note, ceci pour vous indiquer quel doigt employer. Le diagramme ci-dessus indique bien la note exacte que doit jouer chaque doigt.

Marche Des Do Jumeaux

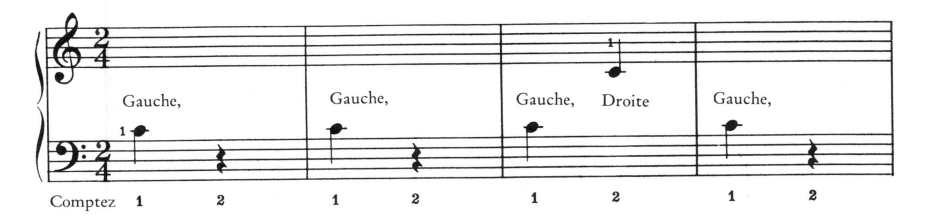

Gauche,   Gauche,   Gauche,   Droite   Gauche,

Comptez   1   2   1   2   1   2   1   2

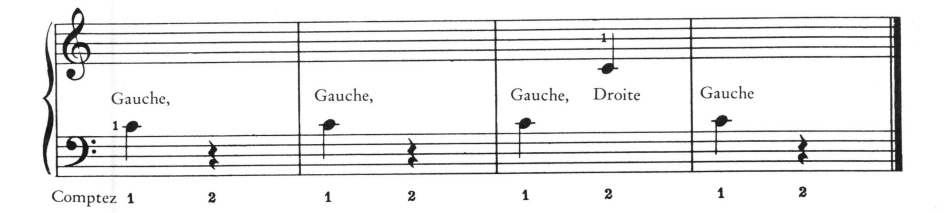

Gauche,   Gauche,   Gauche,   Droite   Gauche

Comptez   1   2   1   2   1   2   1   2

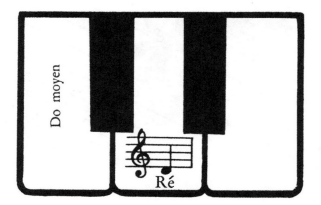

Je m'appelle **Ré**. J'habite l'espace au-dessous de la portée en clé de SOL. Pour me jouer, vous devez jouer la touche blanche sise au milieu des deux touches noires, de votre main droite.

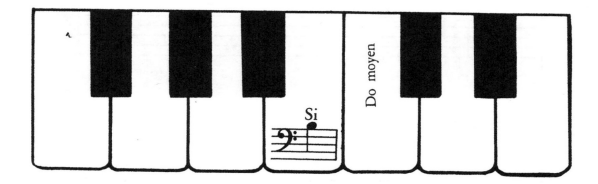

Je m'appelle **Si** et je reside dans l'espace au-dessus de la clé de Fa. Pour me jouer vous devez toucher la blanche à droite du groupe de trois touches noires, de votre main gauche.

Signes de Durée

4 équivaut à 4 temps par mesure
4 la noire, unité de temps. (♩)
le soupir vaut aussi un temps. (𝄽)

**Dessin rythmique
de Y'a d'la joie.**

soupir

Comptez 1 2 3 4   1 2 3 4   1 2 3 4   1 2 3 4

**Frappez les mains en comptant sur les notes
mais non sur le soupir.**

Y'a d'la joie

Do ré do ré   do si do si   Pe- ti- tes no-   tes, bon- jour!

soupir

do ré do ré   do si do si   ou vous ê - tes   y'a d'la joie

soupir

Je m'appelle MI. Je suis posée sur la première ligne de la clef de sol. Pour me jouer il faut presser la touche blanche, de la main droite, à droite des deux touches noires.

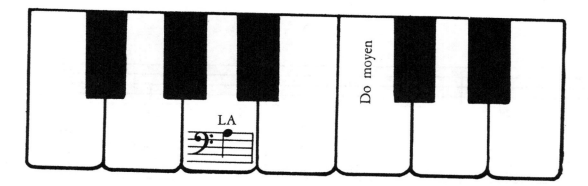

Je m'appelle LA. Je suis posée sur la cinquième ligne en clef de fa. Pour me jouer il faut presser, de la main gauche la touche blanche située entre la deuxième et la troisième touche noire du groupe de trois noires.

SUR UNE NOIRE ♩ COMPTEZ un temps

SUR UNE BLANCHE ♩ COMPTEZ deux temps

SUR UNE RONDE o COMPTEZ quatre temps

DESSIN RYTHMIQUE en rapport avec "La montée et la descente"

Comptez 1 2 3 4   1 2 3 4   1 2 3 4   1 2 3 4.

Chaque note est accompagnée d'un battement de mains et en même temps comptez tout haut.

La Montee Et La Descente

Do   ré   mi   ré   do   do   do- si   la   si   do

En   haut   en   bas   al — lons   et   soy- ons   heu -   reux

11014

DESSIN RYTHMIQUE
EN RAPPORT AVEC
A B C

Chaque note est accompagnée d'un battement
de mains et en même temps comptez tout haut.

Comptez 1 2 3 4 1 2 3 4 1 2 3 4 1 2 3 4

A B C
(Solo pour la main gauche.)

A B C | vous voy ez | je- puis dir' mon | A B C

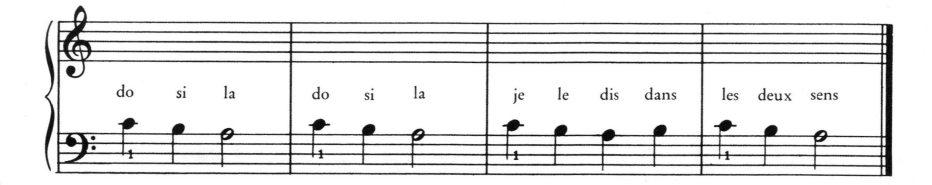

do si la | do si la | je le dis dans | les deux sens

Petit Questionnaire
Sur La Musique

Une nouvelle note fait son apparition dans le régistre de la main droite. Est-elle posée sur une ligne ou dans un espace? Quel est son nom? Sur quelle ligne ou quel espace est-elle posée?

Egalement dans le régistre de la main gauche une nouvelle note apparait. Est-elle sur une ligne ou dans un espace? Pouvez-vous la nommer? Sur quelle ligne ou quel espace est-elle posée?

La Gamme

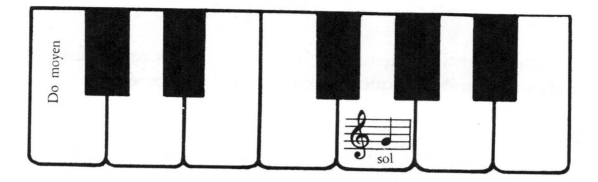

Je m'appelle sol. Je suis posée sur la deuxième ligne dans la portée de la clé de sol. Si vous voulez vous servir de moi, de la main droite jouez sur la touche blanche entre la première et la seconde touche noire faisant partie du groupe des trois noires.

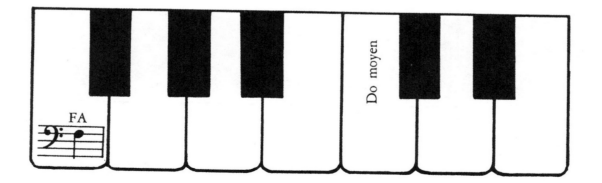

Ici je m'appelle FA. Je suis posée sur la quatrième ligne en clé de fa. Si vous voulez vous servir de moi, de la main gauche jouez sur la touche blanche à gauche du groupe des trois notes noires.

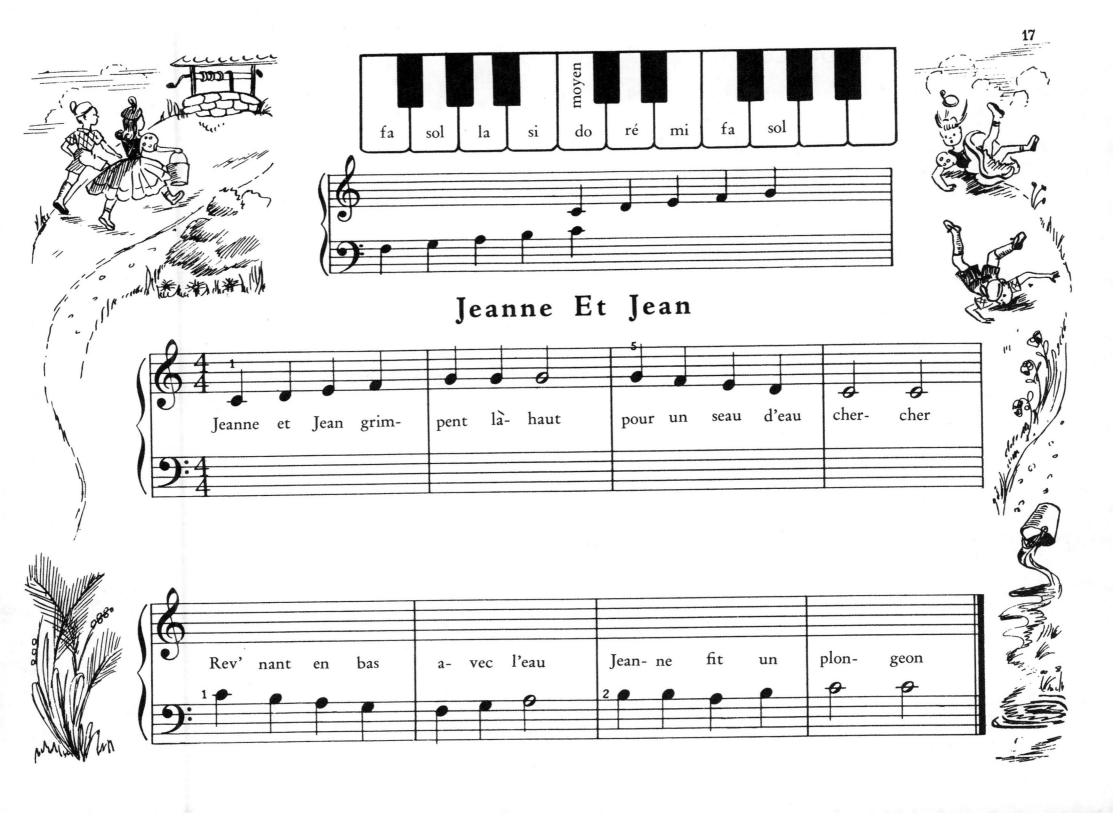

Jeanne Et Jean

Jeanne et Jean grim- | pent là- haut | pour un seau d'eau | cher- cher

Rev' nant en bas | a- vec l'eau | Jean- ne fit un | plon- geon

18

SIGNES DU DUREE

3 chiffre du haut signifie une mesure à trois temps

4 chiffre du bas signifie un temps par noire ♩

Il faut compter deux temps sur une blanche ♩

Il faut compter trois temps sur une blanche pointee ♩.

Dessin rythmique en rapport avec "Les trois chatons"

Comptez tout haut 1 2 3   1 2 3   1 2 3   1 2 3   1 2 3 1 2 3 1 2 3 1 2 3

battements de mains sur chaque note.

Les Trois Chatons

Trois cha- tons   ont per- du   leurs mi- tai-   nes et crient

Comptez 1 2 3   1 2 3   1 2 3   1 2 3

mi -   aou!   mi -   aou!

Comptez 1 2 3   1 2 3   1 2 3   1 2 3

La Joute De Balle Au Camp

Tom et moi un jour sommes al- lés à la balle au camp. Not'

club fut bat- tu à la neuv'- ieme c'é- tait en- ra- geant.

La Ferme Du Bonhomme MacDonald

Mac- Do- nald a- vait une ferm' E I E I O, Il

y él'- vait des p'tits pou- lets E I E I O.

Le Beau Yankee

Beau Yan- kee sur son po- ney al- lant en vil - le u-

ne plum' à son beau cha- peau lui don- nait un air di- gne

Position de Sol

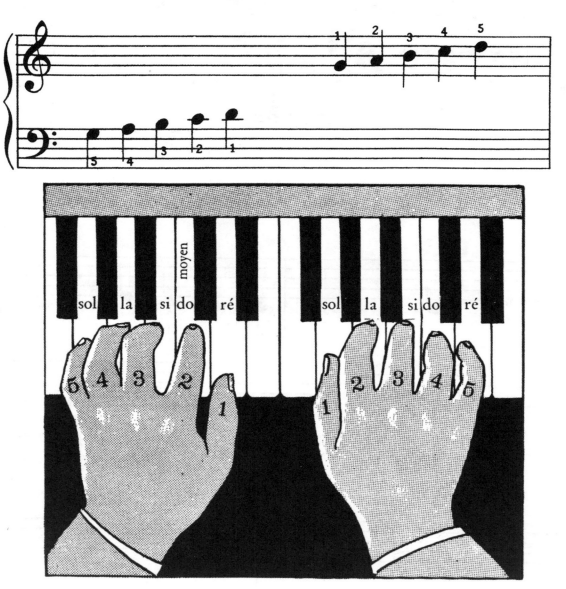

Dans cette nouvelle position des mains, le pouce droit est posé sur le premier sol venant à la droite du do moyen, alors que le cinquième doigt de la main gauche est posé sur le premier sol allant à la gauche du do moyen.

Suivons Le Chef
(Position de sol)

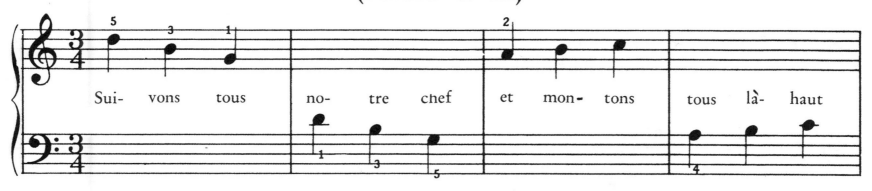

Sui- vons tous no- tre chef et mon- tons tous là- haut

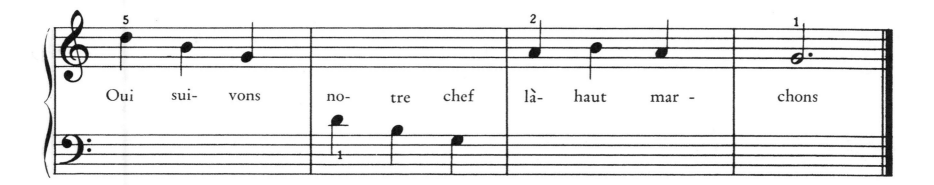

Oui sui- vons no- tre chef là- haut mar - chons

Chanson Au Soleil

Chan- tons u- ne chan- son au so- leil de feu,

(soupir)

ses ray- ons bien- fai- sants nous ren- dent heu- reux.

Promenade A La Rame

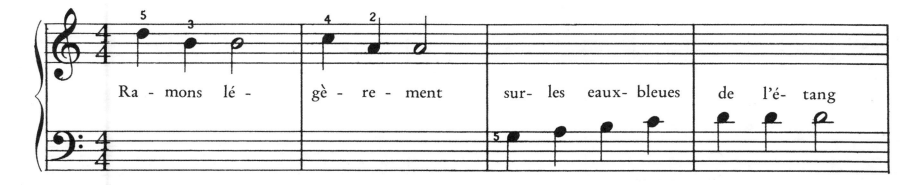

Ra - mons lé - gè - re - ment sur- les eaux- bleues de l'é- tang

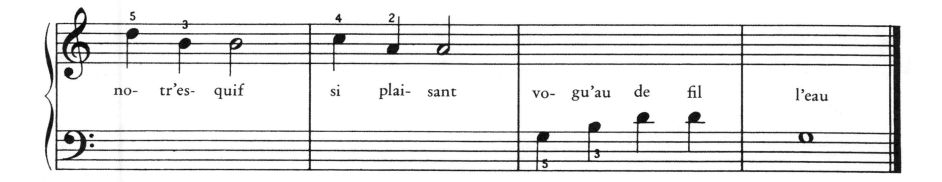

no- tr'es- quif si plai- sant vo- gu'au de fil l'eau

Le Petit Chinois

Mon pe- tit Chi- nois au pa- ys si loin- tain

les mots que tu dis pour nous sont mys- té- ri- eux

L'horloge Parlante

*(Staccato)

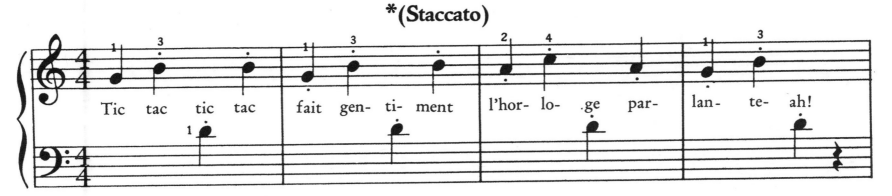

Tic tac tic tac | fait gen- ti- ment | l'hor- lo- ge par- | lan- te- ah!

el- le dit dans | son lan- ga- ge | en- fant mé- na – | ge ton temps

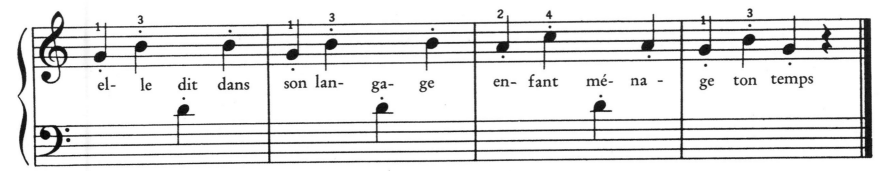

* De nombreux moyens utiles pourraient servir pour illustrer le Staccato: s'imaginer par exemple jouer sur un clavier "chauffé à blanc" ou pincer les cordes d'un banjo.

L'agnelet De Marie

Ma- rie a un a- gne- let a- gne- let a- gne- let

Ma- rie- a un a- gne- let à la toi- son blan- che.

Scintille Petite Etoile

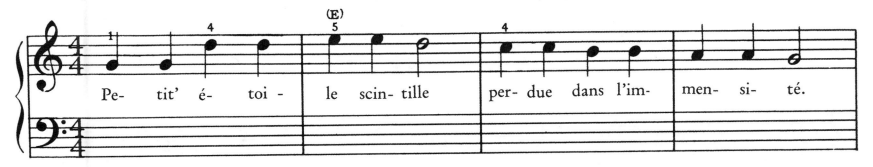

Pe- tit' é- toi- le scin- tille per- due dans l'im- men- si- té.

Tes re- flets- sont de- dia- mant, et d'un vif é- clat trou- blant

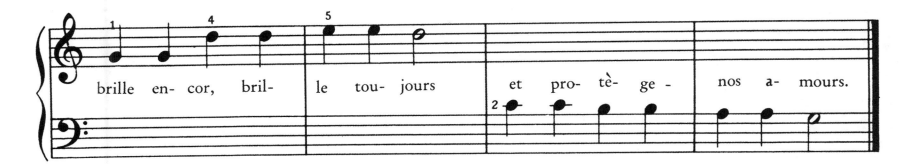

brille en- cor, bril- le tou- jours et pro- tè- ge- nos a- mours.

L'aimable Saint Nicolas

Aux dou- ze coups de mi- nuit je sur- veil- le - rai

par la che- mi- née de suie ta ve- nue chez moi

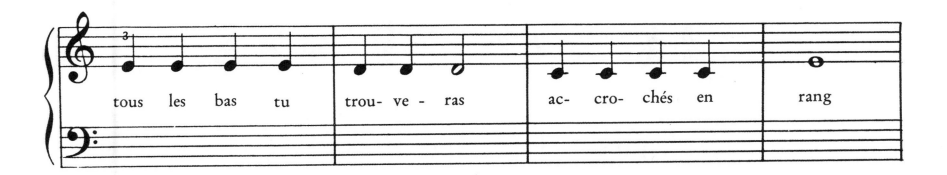

tous les bas tu   trou - ve - ras   ac - cro - chés en   rang

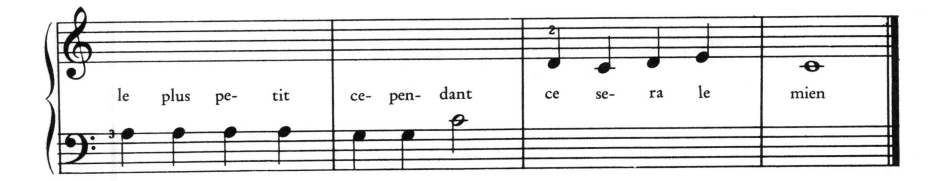

le plus pe - tit   ce - pen - dant   ce se - ra le   mien

Position Des Mains En rapport avec "le Bingo"

Introduction du do 2eme espace en clef de fa.

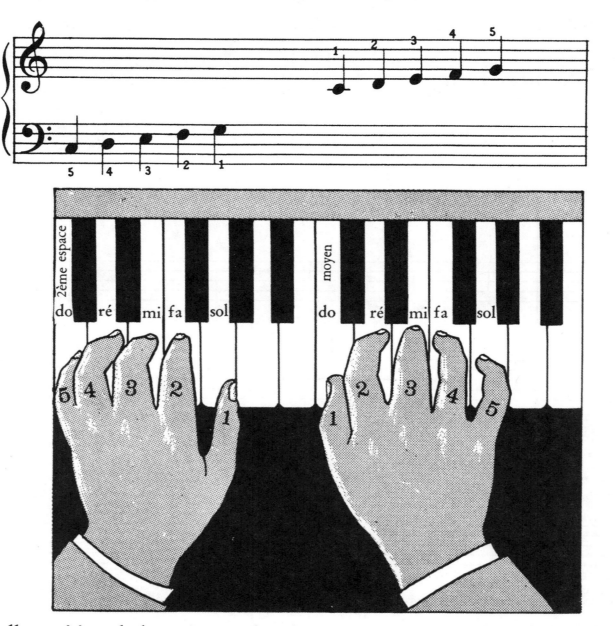

Etudiez la nouvelle position de la main gauche. A remarquer que le cinquième doigt de la main gauche appuie sur la touche correspondante au do deuxième espace. C'est le premier do plus bas que le do moyen du clavier.

Le Banjo

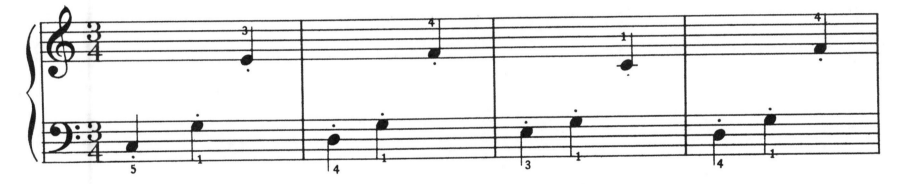

Suivons l'Chef
(en do)

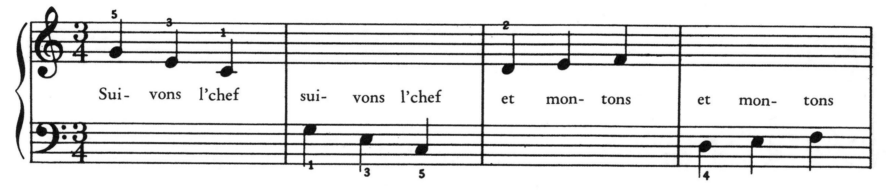

Sui- vons l'chef | sui- vons l'chef | et mon- tons | et mon- tons

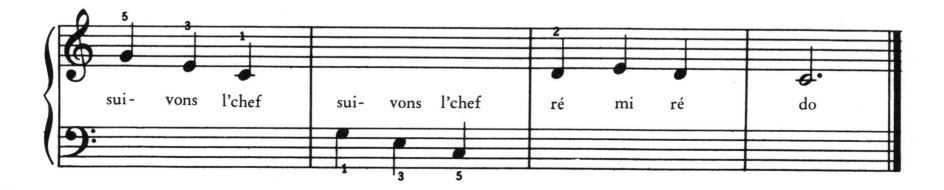

sui- vons l'chef | sui- vons l'chef | ré mi ré | do

Ding Dong

(Les Trois do)

Ding   Dong   Ding   Dong   Clo- ches son- nez   son- nez   la   paix

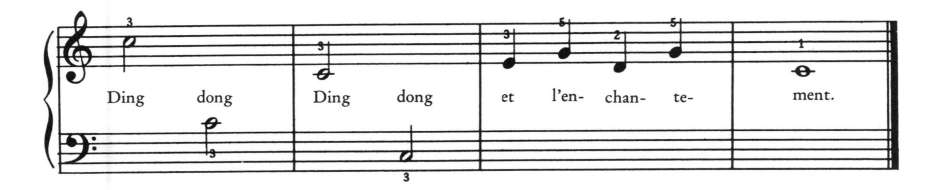

Ding   dong   Ding   dong   et   l'en- chan- te-   ment.

Dors mon bébé

Notes liées
(la seconde ne se joue
pas, mais tenue.)

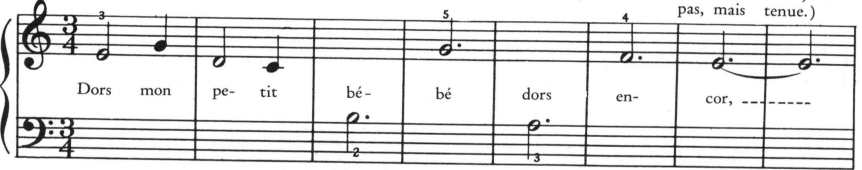

Dors mon pe- tit bé- bé dors en- cor, _ _ _ _ _ _ _

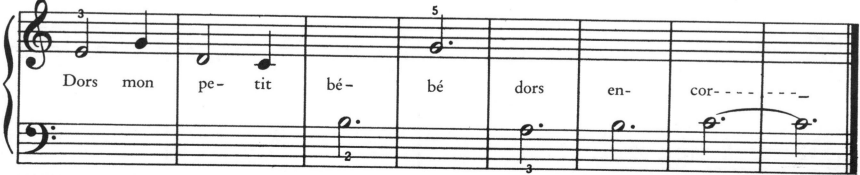

Dors mon pe- tit bé- bé dors en- cor _ _ _ _ _ _ _

L'heure de la pratique

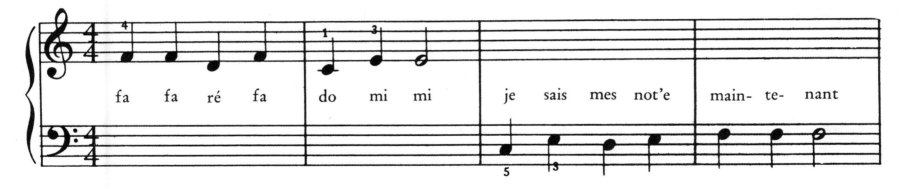

fa   fa   ré   fa   do   mi   mi   je sais mes not'e   main- te- nant

mon tra- vail de   tous les jours   me fe- ra jou-   er bien- tôt.

Salut au printemps?

Sur la bran-che voi- si- ne tout prés de ma fe nê- tre un

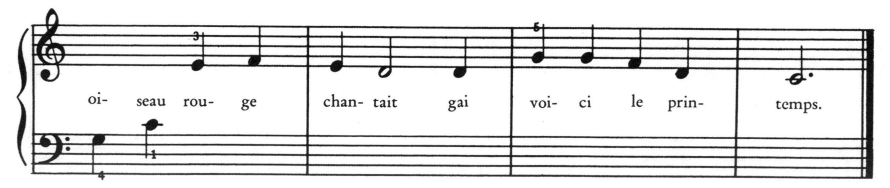

oi- seau rou- ge chan- tait gai voi- ci le prin- temps.

Le Pievert

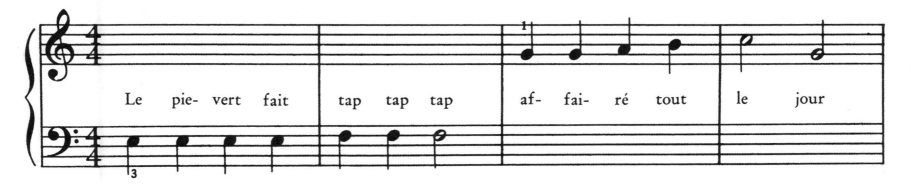

Le pie- vert fait | tap tap tap | af- fai- ré tout | le jour

"c'est le temps de | te le- ver" | voi- la sa chan- | son.

Où es-tu mon chien?

Mon chien par où es-tu pas sé Où peux-tu être al lé----- Ses

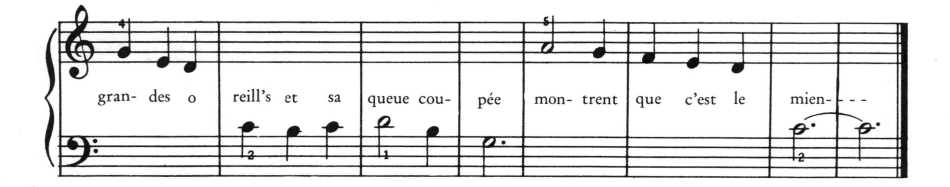

gran-des o reill's et sa queue cou- pée mon-trent que c'est le mien----